This is Amazing

_____

Coloring Book

DOLPHIN

HIPPOPOTAMUS

BABY ELEPHANT/ CALF

I AM GREAT

LION

I HAVE
COURAGE

CROCODILE

I HAVE CONFIDENCE

SHEEP

I MATTER

MONKEY

I Can do anything

KANGAROO

FISH

KOALA

CAT

LIONESS

CUB

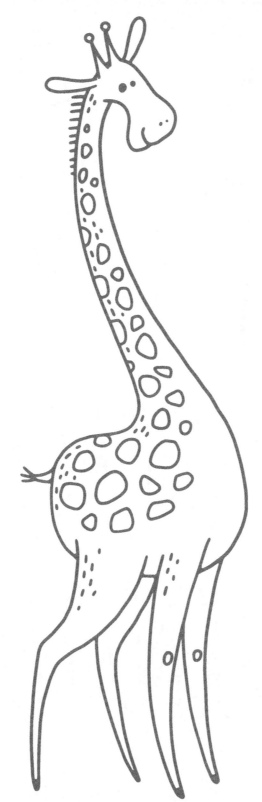

GIRAFFE

TURTLE

I AM A Gift from God

BEAVERS

BEARS

GOAT

KITTEN

PIG

JELLYFISH

BABY MONKEY

I AM OPEN and READY to LEARN

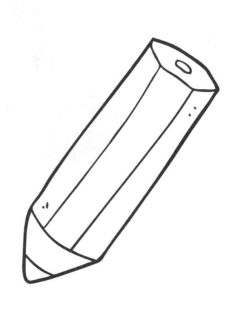

SNAKE

SHRIMP

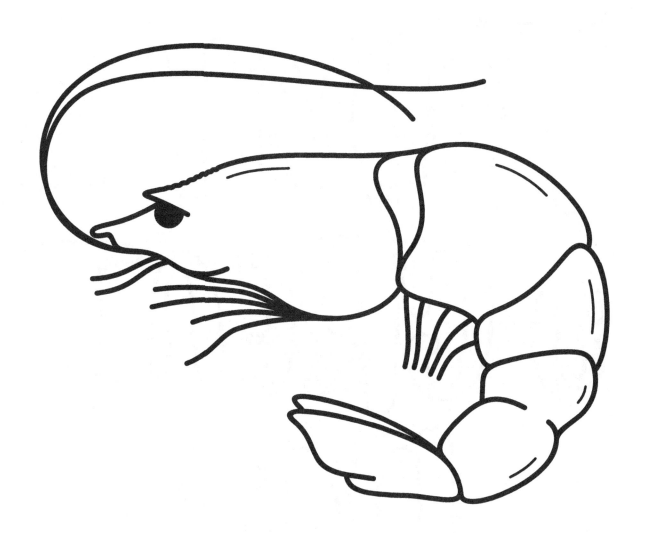

TODAY is a GREAT DAY

DONKEY

PUPPY

I Accept Who I Am

PEACOCK

ELEPHANT

CALF

SQUID

I Can Do Better Next Time

SHARK

I AM PERFECT JUST THE WAY I AM

I AM a gift to those around me

LIZARD

HAMSTER

GORILLA

STARFISH

ROOSTER

DEER

KOALAS

PENGUIN

SNAIL

DUCK

I AM ROYALTY

SQUIRRELS

NARWHAL

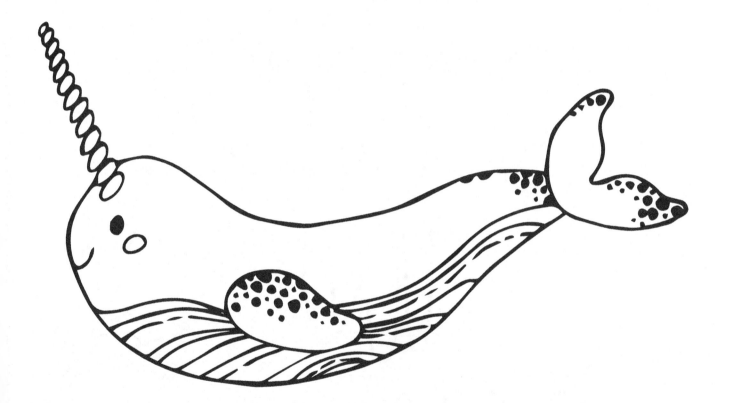

I BELIEVE IN MYSELF

STINGRAY

I AM

_____

I AM

_____

I AM

_____

I AM

_____

I AM

_____

I AM

_____

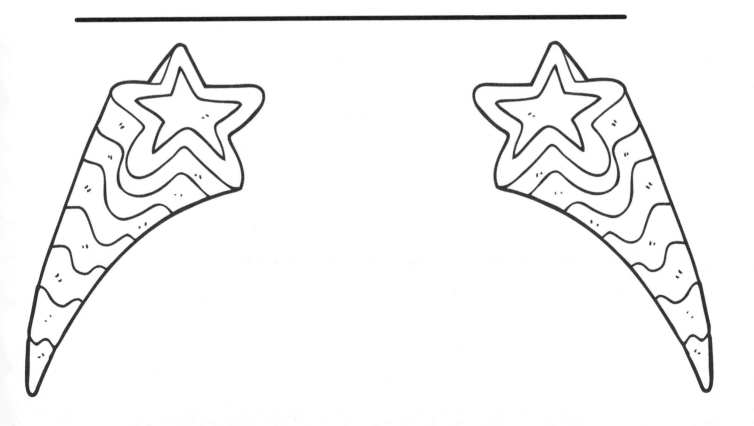

I AM

_____

I AM

_____

I AM

_____

I AM

_____

Made in the USA
Columbia, SC
19 April 2024

34534377R00063